Les enfants découvrent...

la vie quotidienne

TIME LIFE
JEUNESSE

Contenu

Pourquoi se lave-t-on tous les matins?

RÉPONSE Parce que c'est la meilleure façon de se réveiller. Après ça, on peut ouvrir tout grand ses yeux, on n'a plus envie de bâiller et on est débarrassé des traces collantes laissées par la transpiration. On se sent propre et frais, prêt pour la nouvelle journée, et, qui plus est, de très très bonne humeur.

Avant ta toilette

J'ai les yeux tout collés par le sommeil!

Après ta toilette

Super! Je me sens dans une forme olympique!

La meilleure façon de se laver la frimousse

Forme une coupe avec tes mains
et remplis-la complètement d'eau.

Penche-toi sur le lavabo
et asperge-toi le visage.

Frotte-toi bien. Puis essuie-toi
correctement avec un linge.

LE SAVAIS-TU ?

Papa et Maman se lavent, bien sûr,
le visage. Mais que font-ils de plus?

Papa se rase avec de la mousse et un rasoir.

Maman se maquille et se met du rouge à lèvres.

Le matin, au réveil,
on a le visage
tout barbouillé
et tout ensommeillé.
Mais, dès qu'on se
débarbouille,
on devient bien
plus agréable
à regarder.

En dormant, on a chaud et on transpire;
alors, avant sa toilette, on est tout collant.

• Pour les parents

Bien que se laver chaque matin soit une seconde nature pour la plupart des adultes, les jeunes enfants ont du mal à prendre cette habitude. Il faut leur expliquer que l'eau fraîche sur le visage aide à se réveiller, après une bonne nuit de sommeil. Il est bien de donner ce réflexe à un enfant aussi tôt que possible. Les petits trouvent bien difficile de retenir de l'eau dans leurs mains, alors mieux vaut superviser les événements au début. Il y aura alors sûrement une petite mare par terre; mais ils sauront vite comment s'y prendre. D'ailleurs, montrer l'exemple est la méthode la plus efficace. Les laisser vous regarder faire et leur montrer que la toilette du visage le matin est une habitude pour vous facilite l'apprentissage.

? Pourquoi change-t-on de vêtements le matin?

RÉPONSE Regarde ton pyjama quand tu le mets! Il est large; c'est pour que tu sois à ton aise dans ton lit. De plus, il absorbe ta transpiration pendant que tu dors. Voilà pourquoi il te faut l'ôter le matin et mettre d'autres vêtements, secs et élégants, pour sortir de chez toi.

Imagine que tu sortes en pyjama...

On te prendrait pour un somnambule et on rirait.

Et si tu te salissais, que mettrais-tu le soir?

Il y a d'autres moments où il faut se changer

On a des vêtements ordinaires pour tous les jours, et des vêtements plus élégants pour les grandes occasions; pour « sortir », par exemple. On a aussi des vêtements achetés exprès pour jouer dehors ou faire du sport.

▲ **Pour dormir.** En général, on met un pyjama... ou une chemise de nuit si on est une fille.

▲ **Pour faire de l'exercice.** On met un jogging ou un short et un T-shirt; c'est plus confortable.

▲ **Pour une occasion exceptionnelle.** On choisit ses plus beaux vêtements. On se sent très élégant.

● Pour les parents

Les petits enfants ont souvent horreur de changer de vêtements le matin, mais c'est aussi important que de se laver le visage avant d'entamer une nouvelle journée. Il est donc préférable de les y aider, les premiers temps, et bientôt ce seront eux qui insisteront pour essayer tout seuls. Au début, les boutons seront mal boutonnés et les pans de chemise dépasseront, mais à force d'essayer ils apprendront et sauront s'habiller correctement en peu de temps.

D'où vient tout ce que nous mangeons?

RÉPONSE Des tas de gens se donnent du mal pour produire notre nourriture. Tes parents travaillent aussi beaucoup pour gagner l'argent avec lequel ils achètent ce que vous mangez. Ils prennent enfin de leur temps pour préparer les repas. Alors, si ça t'a plu, n'hésite pas, dis gentiment: « Merci, c'était bon et je me suis régalé. »

La récolte du riz.

La culture des légumes.

Un marché aux poissons, en Corée.

Un marché aux légumes, au Népal.

Il faut dire merci, quand on a bien mangé!

• Pour les parents

La nourriture est abondante et variée dans de nombreux pays, mais les moyens modernes de distribution ont mis un monde entre nous et les producteurs, si bien que nous avons tendance à considérer la nourriture comme un dû. Il est important que les enfants soient conscients des efforts qui ont été nécessaires pour la produire et l'acheter. C'est aux adultes de les sensibiliser à cela en les faisant participer aux courses et en leur montrant les champs cultivés.

Pourquoi les parents travaillent-ils?

RÉPONSE La plupart des mamans et des papas quittent leur maison le matin pour aller travailler dehors. En échange de leur travail et de leurs efforts, on leur donne de l'argent. Tes parents utilisent cet argent pour acheter tout ce dont la famille a besoin, comme la nourriture et les vêtements.

▼ Certains travaillent dans des bureaux, avec beaucoup d'autres personnes.

Le travail des parents et la vie à la maison

Chaque chose dont nous avons besoin dans la vie — la nourriture, les vêtements, un logement — et tout ce que nous aimons avoir en plus — des beaux meubles, des livres, des jouets, des vacances, etc. — tout coûte de l'argent. Sais-tu d'où vient cet argent? C'est celui qu'on a donné à tes parents en échange de leur travail: ils se donnent beaucoup de mal pour assurer à leur famille une vie heureuse et confortable.

Quelles sortes de métiers ont les parents?

Il y a toutes sortes de métiers. Et tous ont leur importance... pour toi mais aussi pour tous ceux qui vivent dans la même société que toi.

▲ **Les ouvriers.** Ils fabriquent les objets de notre vie.

▲ **Les fermiers.** Ils cultivent la terre et élèvent du bétail.

▼ **Le docteur.** Il prend soin de la santé des gens.

• Pour les parents

La plupart des adultes travaillent et, dans certaines familles, les deux parents ont un emploi. Bien que les enfants voient leurs parents quitter la maison chaque matin, il leur est difficile de comprendre où ils vont et ce qu'ils font; et surtout de réaliser quelle est la signification de l'argent. Il est important d'expliquer à un enfant que tout ce que la famille possède est acheté avec l'argent gagné par ses parents. À présent, l'éventail des métiers est plus varié que jamais. Discutez avec votre enfant du travail des membres de la famille; et assurez-vous également qu'il réalise bien que le travail fait à la maison a aussi son importance.

Qu'est-ce qu'on peut faire, à la maison, pour se rendre utile ?

RÉPONSE Chacun peut apporter sa contribution aux tâches ménagères... Il y a sûrement des tas de choses que tu es capable de faire. Tu peux, par exemple, mettre le couvert, puis débarrasser la table et jeter les restes (ceux des assiettes) dans la poubelle. Demande à tes parents de te dire ce qui leur rendrait le plus grand service.

Des idées pour aider à la maison

Accompagne ton grand frère au supermarché.

Balaie le trottoir ou ratisse le jardin.

Pour les parents

Quand le sens de la vie en communauté commence à se développer chez l'enfant, il manifeste son désir d'être utile aux autres. Employez-vous à encourager cette faculté en lui confiant un rôle actif dans la vie familiale. Donnez-lui des petites tâches faciles à exécuter, félicitez-le pour ses efforts et sa réussite; remerciez-le quand il a fini. Cela renforcera son désir spontané d'être utile et amplifiera son sens des responsabilités à l'égard des autres.

? Pourquoi faut-il nettoyer la maison?

RÉPONSE Parce que la poussière et la saleté sont des nids à microbes. Or, tu le sais bien, ce sont ces microbes qui rendent les gens malades. Il est donc indispensable d'avoir une maison propre et bien rangée pour y vivre heureux et en bonne santé.

Entretenir notre environnement est également important

Il est aussi important de garder le monde propre autour de nous que d'entretenir sa maison. Ça le rend plus agréable à vivre. Tout le monde doit être vigilant pour que nos rues, nos espaces verts et nos montagnes restent propres et sans immondices. Toi aussi tu peux t'y mettre. Ne jette pas tes détritus par terre, mais dans une poubelle. Il y en a toujours une dans les parages... donne-toi la peine de la chercher un tout petit peu!

▶ Triste panorama! Une décharge peut détruire toute la beauté d'un site montagneux. Il ne faut, à aucun prix, laisser cela se faire!

▲ Les ordures ménagères sont évacuées par des bennes spéciales.

▲ Ramassage d'ordures sur les flancs d'une montagne.

▲ Les feuilles mortes sont mises en tas et brûlées.

ESSAIE

Ce qu'il faut pour nettoyer

Pour nettoyer la maison, on utilise, soit des appareils électriques, soit des ustensiles tels que des balais, des brosses, des seaux, des pelles, des plumeaux, etc. Essaie de découvrir, parmi les objets qui figurent sur cette illustration, ceux qu'on peut trouver chez toi.

• Pour les parents

Étant donné la quantité croissante de détritus engendrée par nos sociétés, leur élimination est devenue un problème qui concerne tout le monde. Il faut donc commencer, dès leur plus jeune âge, à encourager vos enfants à participer aux travaux ménagers et à leur donner une conscience très nette du rapport qui existe entre propreté et santé. Faites-leur constater vos propres efforts dans ce domaine. Développez aussi leur sens de la vie communautaire en leur faisant jeter eux-mêmes leurs détritus dans les poubelles.

Pourquoi faut-il absolument dire bonjour quand on rencontre quelqu'un qu'on connaît?

RÉPONSE En disant bonjour à quelqu'un, tu lui montres ce que tu ressens envers lui. Tu lui donnes la preuve que tu l'aimes bien ou, tout simplement, le respectes. Cela entretient les bonnes relations entre les gens. Réponds donc gentiment et poliment aux saluts des autres.

LE SAVAIS-TU ?

Dans certains pays, pour dire bonjour, au cours de la journée, on utilise des mots qui varient selon l'heure. Alors, quand tu sors avec une grande personne, écoute bien comment elle salue les autres...

Les politesses qu'on utilise varient au cours de la journée

▲ «Bonjour!»

▲ «Bon après-midi!»

▲ «Bonsoir!»

Pour être poli, on peut aussi dire...

Pour les parents

On a coutume de dire qu'une journée débute et se termine par un mot poli. Les salutations ont un rôle social important; et elles facilitent nos relations amicales avec les autres. Le répertoire des salutations d'un enfant se réduit d'abord à quelques mots simples, puis il apprend les expressions courantes, en imitant ses parents. Elles sont assimilées et multipliées quand l'enfant est confronté à un environnement social plus vaste, à l'extérieur de chez lui, tel celui de la maternelle ou de la garderie. Il est bon que les parents encouragent leur enfant à employer à la maison ces nouvelles expressions, acquises dans la vie quotidienne. Les termes utilisés sur cette page sont des exemples de la manière de saluer quelqu'un, de dire bonjour ou au revoir, de s'excuser ou également d'exprimer une critique.

Pourquoi faut-il toujours marcher sur le trottoir ?

RÉPONSE Dans les quartiers animés, les rues sont souvent encombrées de voitures roulant dans tous les sens. Il est alors prudent de bien rester sur le trottoir. Mais certaines voies n'en ont pas... Dans ce cas, on peut longer la route, mais il faut marcher face aux voitures, pour les voir arriver.

Pour traverser, utilise les passages pour piétons

À certains croisements, des passages pour piétons ont été dessinés; mais ce n'est pas toujours le cas.

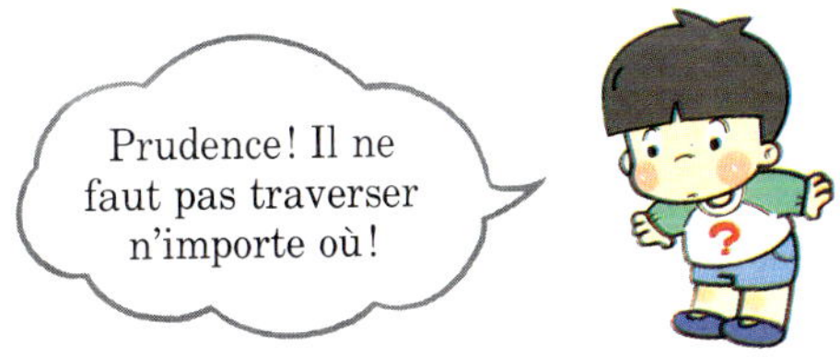

▲ **Si on traverse en groupe,** il faut le faire calmement, sans faire les fous, comme ces enfants américains.

▲ **Un passage pour piétons en Angleterre.** Il y a les mêmes en France; alors, utilise-les systématiquement.

• Pour les parents

Inculquez à votre enfant, dès qu'il peut les comprendre, les règles de sécurité dans la rue; ça lui permettra d'éviter, plus tard, bien des accidents. Insistez sur le fait que, quand il n'y a pas de trottoir, il faut toujours marcher face aux voitures — soit à droite, soit à gauche, selon les règles de la circulation dans le pays — car c'est la seule façon de les voir arriver. Apprenez-leur à emprunter, chaque fois que possible, les trottoirs, les passages pour piétons, les passerelles et les passages souterrains.

Pourquoi est-ce qu'il ne faut pas traverser quand le feu est rouge pour les piétons?

RÉPONSE Parce que ce feu rouge nous dit: «Stop! Danger! C'est le tour des voitures!» Le feu vert, lui, signifie au contraire: «À vous, les piétons! Mais, ne traversez quand même pas sans regarder des deux côtés!»

Si tu traverses une rue, large ou non, n'oublie pas de vérifier tout d'abord si les voitures se sont bien arrêtées: à gauche, à droite, puis encore à gauche — si, comme en France, elles roulent à droite; à droite, à gauche, et de nouveau à droite — si elles roulent à gauche. Et surtout, utilise un passage ou un souterrain chaque fois qu'il y en a. C'est plus sûr!

▲ Ne traverse jamais sans regarder!

▲ S'il y a une passerelle, utilise-la!

Ne traverse jamais quand ce n'est pas à toi!

Vert!
C'est à nous!
Allons-y!

Vert clignotant!
Attention, danger!
Il faut attendre!

Rouge! Stop! Danger!
Interdiction absolue
de traverser!

• Pour les parents

Sur l'illustration ci-dessus, qui montre un carrefour particulièrement animé, les piétons utilisent des drapeaux afin de traverser en toute sécurité. Cette méthode est utilisée dans certains pays. Testez votre enfant dans votre rue, pour vérifier s'il sait vraiment à quel moment il peut traverser sans danger. Habituez-le aux passages et aux feux.

Pourquoi les animaux familiers sont-ils interdits dans certains immeubles?

RÉPONSE Les immeubles ont été faits pour que les gens y vivent. Or les chiens mal dressés aboient souvent, ce qui les gêne. Les chats, eux, se font les griffes partout... et pourquoi pas sur les tapis des montées d'escaliers! C'est pour cela que ces animaux sont parfois interdits dans les immeubles...

Si tu as la chance d'avoir un chien à toi, tu dois lui apprendre à ne pas aboyer la nuit. Il gênerait tes voisins!

▲ Les chiens aboient souvent parce qu'on ne les promène pas assez. N'oublie pas de sortir le tien régulièrement.

Imagine ce qui arriverait si tu avais trop d'animaux chez toi!

▲ Un chat bien dressé est beaucoup plus agréable à vivre!

Les animaux, s'ils ne sont pas bien dressés, inventent toutes sortes de bêtises. Pour éviter cela, dresse le tien avec douceur mais fermeté.

Pour les parents

Ce chapitre est destiné à faire comprendre pourquoi, dans certains immeubles, grands ensembles ou lieux publics, les enfants n'ont pas la permission d'avoir des animaux à eux. Les chiens et les chats peuvent, il est vrai, devenir de vrais fléaux dans des espaces réduits. En expliquant à vos enfants que la plupart de ces petites bêtes pourraient devenir d'adorables créatures si elles étaient dressées, vous éveillerez leur intérêt pour les animaux.

Pourquoi ne doit-on pas monter dans le métro dès qu'il s'arrête ?

RÉPONSE Parce que certains voyageurs ont à descendre ; si on se précipite pour monter, on leur bloque le passage. Et puis, il vaut mieux attendre que ceux qui descendent aient libéré de la place dans les wagons. C'est une attitude polie... et intelligente que de patienter un peu sur le quai.

Au lieu de te précipiter, laisse descendre les voyageurs.

▲ Les Japonais sont très disciplinés. Regarde, ils attendent !

▲ **Les ascenseurs.** Là aussi, il faut laisser descendre avant de monter.

Et pour les bus, c'est pareil?

Oui, bien sûr, si la même porte sert à la montée et à la descente. S'il y en a plusieurs, on attend en file et on monte, chacun à son tour, dès l'arrêt du bus. Le système varie d'un pays à l'autre, et quelquefois dans un même pays.

▲ Dans ce bus, la montée est à l'avant et la sortie au milieu.

● Pour les parents

Lui expliquer le comportement à avoir dans le métro peut contribuer à éveiller votre enfant aux règles de base de la vie sociale. Apprenez-lui à attendre son tour, en vous appuyant sur des expériences concrètes: les ascenseurs, le métro — pour les montées et descentes par la même porte — et les bus — pour les portes séparées, dont la disposition varie d'ailleurs selon le lieu.

? Pourquoi est-il interdit de jouer et de faire du bruit dans le métro?

RÉPONSE Parce que cela peut être dangereux. Les métros roulent vite et tanguent. Si on n'est pas assis ou si on ne se tient pas tranquillement debout, on risque de tomber ou de se cogner. Et puis, le bruit et l'agitation dérangent tout le monde.

Les autres endroits où il ne faut pas faire de bruit

Dans les bibliothèques, les hôpitaux et, en général, tous les endroits où les gens sont silencieux, on doit se forcer à rester calme et à se taire.

▲ **Une bibliothèque.** Le bruit n'y est pas permis. On y vient pour lire. Il faut donc du silence.

▲ **Un service médical.** Les gens qui viennent à la consultation sont fatigués. Respectons-les.

● **Pour les parents**

Les petits enfants ont du mal à assimiler les explications théoriques. Aussi est-il préférable de leur apprendre le respect des autres dans des situations concrètes. Faites-leur observer les voyageurs tranquilles dans le métro et expliquez-leur qu'il est important de faire de même.

? Pourquoi est-ce qu'on nous oblige parfois à manger des choses qu'on n'aime pas?

RÉPONSE Il arrive que les aliments les moins agréables au goût soient les meilleurs à la santé. Toi, tu ne peux pas le savoir, mais tes parents, eux, savent qu'ils sont très nutritifs. Cela veut dire qu'ils sont favorables à ta santé et qu'ils te donnent beaucoup d'énergie... même s'ils sont parmi ceux que tu n'aimes pas du tout!

Pourquoi tous les aliments n'ont-ils pas le même goût?

Si tous nos aliments avaient le même goût, nous en serions vite dégoûtés, même de nos préférés! Les repas que nous mangeons ont des saveurs différentes grâce à la variété des ingrédients qui les composent. C'est ce qui rend la nourriture appétissante et fait qu'elle est équilibrée.
Elle te permet de grandir harmonieusement...

Les enfants qui mangent un peu de tout sont souvent en bonne santé.

Ceux qui font des repas mal équilibrés sont généralement fatigués et sans énergie.

• Pour les parents

Bien des enfants ont naturellement la manie de «picorer» parmi leurs aliments préférés. Et, une fois que l'habitude est prise, elle est bien difficile à chasser. Il suffit de quelques efforts pour que cela n'arrive pas. Dès qu'il est jeune, encouragez votre enfant à s'intéresser à ce qu'il mange. Expliquez-lui quels éléments nutritifs comporte chaque aliment et comment l'organisme les transforme en énergie ou en matériau constructif qui lui donneront une santé et une vitalité excellentes. Augmentez vos chances de lui faire accepter les aliments qu'il aime peu en leur donnant des saveurs appétissantes. Un régime, pour être équilibré, doit comprendre, à chaque repas, trois principaux groupes d'éléments: des protéines, des hydrates de carbone et des lipides. Le corps humain est, bien sûr, capable de pallier provisoirement certaines carences. Mais les vitamines et les sels minéraux sont tellement essentiels à la santé que l'on doit en absorber chaque jour, dans la nourriture. Protéines et vitamines B régénèrent les muscles et le sang; protéines et sels minéraux entretiennent les os et les dents. On trouve ces divers éléments dans les œufs, la volaille, la viande, le poisson, ainsi que dans les oléagineux, les produits laitiers et les légumineuses. Les hydrates de carbone se transforment en énergie: on les trouve surtout dans les céréales, les légumes et le fructose; ceux du sucre raffiné sont moins bons à la santé. Quant aux lipides, ils existent en particulier dans les céréales, les huiles et les graisses. Les vitamines A et C, le calcium et l'iode, essentiels à un bon équilibre, sont présents dans tous ces aliments.

Pourquoi est-on obligé de manger avec des couverts ?

RÉPONSE Les couverts permettent de se servir et aussi de manger proprement. C'est pratique et ça rend les repas plus agréables à voir.

La disposition normale des couverts

Au restaurant ou dans un dîner, on dispose parfois de plusieurs fourchettes, couteaux et cuillères, autant que de plats au repas.

Parfois, pourtant, il est pratique de manger avec ses doigts

En général, on considère comme mal élevé de manger avec ses doigts. Mais pour certains aliments, le poulet frit notamment, même les adultes trouvent ça plus pratique !

Les baguettes, c'est pratique aussi!

Les couverts ne sont pas utilisés dans le monde entier. En Asie, par exemple, on a coutume de couper les aliments en petits bâtonnets faciles à attraper avec des baguettes.

• Pour les parents

Les premiers couverts jamais utilisés furent les cuillères: elles datent de temps très anciens. En Égypte, elles étaient fabriquées en bois, en ardoise, en os ou en ivoire; et cela bien avant que les fourchettes fassent leur apparition. Des espèces de fourchettes ont cependant été retrouvées dans les ruines de Pompéi. Les baguettes, quant à elles, sont vieilles d'au moins 2400 ans. De nos jours il en existe de toutes sortes et elles restent très répandues dans le monde.

Pourquoi certains enfants aiment-ils le froid ?

RÉPONSE Dans de nombreux pays, l'hiver est très rude. Mais les enfants heureux et en bonne santé n'en souffrent pas trop. Ils s'habillent chaudement et vont jouer dehors comme si de rien n'était.

▲ Une bonne friction au gant de crin...
ça réchauffe énormément et instantanément!

● Pour les parents

Dans les contrées très froides, on voit les enfants chaudement habillés jouer dehors par tous les temps. Une nourriture consistante, beaucoup de sommeil et beaucoup de sport sont la meilleure protection à leur offrir contre le froid et la grippe. Si vous vivez dans une région froide, dites à vos enfants que les microbes n'aiment pas le froid et ne les suivront pas dehors. Conseillez-leur de faire du sport, en jogging, le plus souvent possible à l'air libre.

Pourquoi ne peut-on jouer sur la chaussée?

RÉPONSE En général, quand on joue, on libère son esprit de tout le reste. Alors, si tu jouais sur la chaussée, sans doute ne ferais-tu pas assez attention aux voitures; et tu risquerais de te faire renverser.

Où peut-on jouer sans danger?

Il y a des tas d'endroits adéquats: les jardins publics ou les terrains de jeux, par exemple. Renseigne-toi auprès des adultes qui savent.

▲ Des jeux dans un parc public.

▲ Beaucoup de jardins publics possèdent des aires de jeux.

▲ Une rue piétonne. Pas de danger venant des voitures!

● Pour les parents

Savez-vous où votre enfant aime jouer? Y a-t-il un danger? Mettez-vous au courant des attractions qu'on peut trouver dans les jardins publics ou les terrains de jeux des environs et conseillez-lui d'aller jouer là-bas. Lui interdire autoritairement de jouer sur la chaussée ou ailleurs risquerait d'aiguiser son envie. Mettez-vous plutôt d'accord ensemble à propos des endroits propices. Écoutez ses souhaits, exposez-lui les dangers, établissez des limites raisonnables et demandez-lui de vous prévenir chaque fois qu'il ira jouer quelque part. Ainsi, la confiance s'établira entre vous.

Pourquoi est-ce qu'on doit toujours attendre son tour sur un terrain de jeux?

RÉPONSE Il suffit de réfléchir un peu. Prenons l'exemple du toboggan. Tous les enfants aiment ça. Mais, s'ils n'attendaient pas chacun son tour, quelle bousculade! En plus, ça ne serait pas juste... ni rigolo!

Si chacun essayait de passer avant son tour... voilà ce qui arriverait

▲ C'est à moi! J'étais là avant!

▲ Je m'en fiche! Je passerai quand même le premier!

On ne joue plus avec toi! Tu triches trop!

Attends ton tour pour le manège.

Fais la queue pour aller à la cafeteria de l'école.

Reste en file pour monter dans le bus scolaire.

Pour les parents

Dès qu'il y a vie en communauté, il y a des règles. Et les enfants doivent se rendre compte que le respect de ces règles est le garant des droits et de la liberté de chacun, que le contraire provoque discussions et disputes avec, éventuellement, l'éviction du coupable. Prenez appui sur des situations concrètes pour leur démontrer que vous-même suivez les principes que vous leur inculquez, en attendant votre tour aux caisses des magasins ou pour monter dans le métro ou le bus. Enseignez à votre enfant à bien se comporter en toutes circonstances. Expliquez-lui que négliger les règles de la vie en société, vouloir profiter d'un traitement privilégié ou chercher à imposer sa loi, mènent tout droit à l'ostracisme, donc à l'isolement.

Pourquoi ne faut-il pas jouer dehors après la tombée de la nuit?

RÉPONSE On ne voit pas très bien dans l'obscurité. Alors, dès que la nuit tombe, on peut buter contre un obstacle ou recevoir un ballon sur la tête. Il est, par conséquent, dangereux de jouer dehors quand il fait sombre... Il vaut mieux rentrer à la maison avant la nuit: c'est plus sûr et plus sage.

Le soleil ne se couche pas toujours à la même heure

Comme les journées sont plus longues en été qu'en hiver, le coucher du soleil se produit plus tard en été qu'en hiver. Même si on est pris par un jeu passionnant, il faut toujours penser à s'arrêter et à rentrer avant le coucher du soleil.

▲ En été, à 18 heures, il fait encore complètement jour.

▲ En hiver, la nuit commence à tomber à 16 heures.

• Pour les parents

Les enfants sont tellement absorbés par leurs jeux et leurs activités qu'ils ne font attention à rien d'autre, même pas au moment où le jour baisse. Bien que cela caractérise les enfants heureux et passionnés par ce qu'ils font, il faut veiller à ce que le soleil couchant soit le signal du retour à la maison. La majorité des parents préfèrent que leur enfant reste à jouer dans la maison dès qu'il fait nuit, car c'est plus sûr. Imposez au vôtre une heure précise, sans pour autant lui donner la peur du noir.

Pourquoi est-ce mauvais de s'asseoir juste devant le poste de télévision?

RÉPONSE Parce qu'il est mauvais pour les yeux d'être trop près de l'écran. Notre vue est très précieuse, et il faut la ménager. Il est, de plus, très égoïste de s'installer tout près du poste, car on bouche la vue aux autres gens qui regardent et on les empêche de profiter du programme.

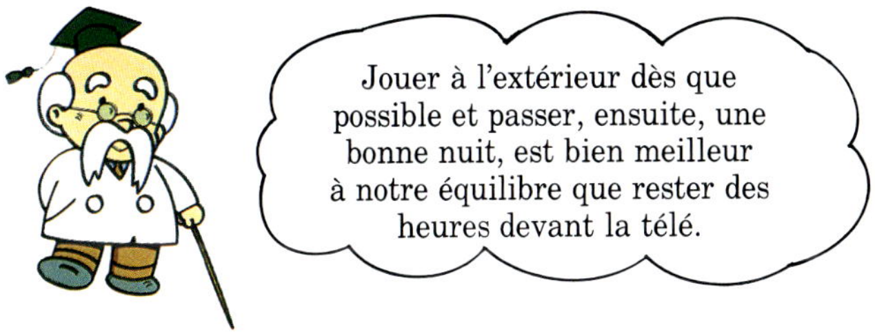

Comment s'installer quand on lit un livre?

Il faut, non seulement s'installer dans un siège confortable, mais aussi veiller à ce que la pièce soit bien éclairée.

• Pour les parents

La télévision peut être un instrument enrichissant, si elle est utilisée judicieusement, mais elle peut se révéler nuisible, physiquement et psychologiquement, dans le cas contraire. D'abord, il convient de ménager la vue de votre enfant en limitant ses séances devant l'écran et en veillant à ce qu'il ne s'installe pas trop près du poste. Il faut aussi avoir conscience du fait que la télévision pousse à la sédentarité, donc à l'obésité. Encouragez plutôt votre enfant à aller jouer dehors. Et sélectionnez les programmes.

Pourquoi est-ce qu'il faut toujours être gentil avec son petit frère?

RÉPONSE Les petits frères et les petites sœurs ne comprennent pas toujours ce que font les grands. Ils sont souvent persuadés que leurs idées sont les meilleures... Dis-toi que lorsque tu étais petit, tu étais exactement pareil. Alors, sois gentil et patient: ton frère grandit... bientôt il comprendra mieux!

Quand je partage avec lui et suis patient,
mon petit frère joue gentiment avec moi.

▲ C'est bien plus sympa de jouer ensemble.

● Pour les parents

Être un frère ou une sœur aîné peut devenir une expérience frustrante pour un enfant. Ça peut aussi créer chez les parents une grande déception; celle de ne pas avoir la famille harmonieuse qu'ils désiraient. Le meilleur comportement, en cas de heurts, consiste à considérer chaque événement en particulier et à le résoudre en toute justice. Cela établira des rapports vrais et confiants entre l'aîné et le cadet et poussera le grand à donner le bon exemple. Félicitez vos enfants pour leur bonne conduite et leur altruisme, surtout dès qu'ils réagissent spontanément dans le bon sens, et efforcez-vous d'être indulgent avec le plus âgé; cela favorisera des rapports affectueux entre vos enfants et stimulera leur bonne volonté.

Pourquoi doit-on ranger?

RÉPONSE À la maison, tu aimes jouer avec tes jouets ou lire tes livres. Donc, ces objets sont importants pour toi. Pour être sûr qu'ils ne seront ni cassés ni perdus, il faut toujours leur attribuer une place précise et les ranger dès qu'on a fini de s'amuser ou de lire.

▲ Remets tes livres sur leur étagère, quand tu les as lus.

▲ Après les repas, on fait la vaisselle, et on la range.

▲ Ranger ressemble à un jeu, si on s'y met tous ensemble!

• Pour les parents

Les enfants ont tendance à passer d'une activité à l'autre sans avoir le réflexe de ranger. Il faut les habituer à l'ordre; et, pour cela, il est primordial de leur désigner un endroit précis pour leurs affaires. Faites-leur comprendre que seuls les jouets ou les livres rangés après utilisation n'encourent pas le risque d'être égarés ou cassés. Apprenez à votre enfant à prendre soin de ce qui lui appartient, ce qui le poussera à prendre soin de lui-même. Pour y parvenir, rien ne vaut le bon exemple: agissez en conformité avec ce que vous dites et il vous imitera.

Pourquoi prend-on des bains?

RÉPONSE

Imagine ce qui arriverait si, après avoir joué toute la journée, t'être sali et avoir transpiré, tu oubliais de te laver! Rien ne vaut un bon bain ou une bonne douche, pour se sentir frais et propre! Reste à décider à quel moment de la journée tu te laveras!

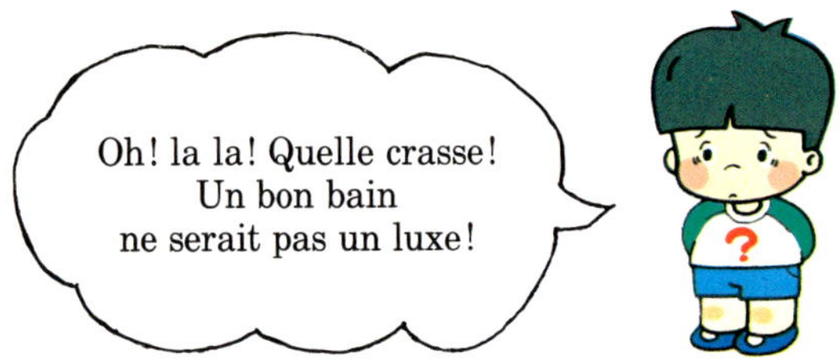

Pour les parents

Il serait très mauvais que votre enfant puisse considérer le fait de devoir se laver comme une punition. Aussi faut-il rendre le moment du bain amusant. Quand votre enfant est tout petit, faites-en un jeu; et, au fur et à mesure qu'il grandit, laissez-le s'y amuser avec ses jouets préférés. Il attendra alors le moment du bain avec impatience. Cependant, une fois lavé, ne le laissez pas s'éterniser dans l'eau car il risquerait de prendre froid. Une fois de plus, montrez-lui l'exemple, en lui prouvant que vous vous lavez régulièrement et avec plaisir. Les raisons plus sérieuses de se laver ne sont pas urgentes à révéler.

Pourquoi faut-il se brosser les dents?

RÉPONSE Pour chasser les petits morceaux de nourriture qui sont restés coincés entre elles. Si tu ne le faisais pas, tu aurais vite des caries qui te feraient mal. Il est bon de se laver les dents le matin, après chacun des repas et le soir avant de se coucher.

Qu'arriverait-il si on ne se lavait pas les dents?

Les petits morceaux de nourriture commenceraient à pourrir entre les dents. Toutes sortes de microbes s'y développeraient et nous aurions des caries. On ne pourrait plus manger sans avoir mal et il faudrait aller chez le dentiste! Brosser ses dents les rend solides et blanches. Et les dents saines permettent de manger de tout et de grandir en parfaite forme.

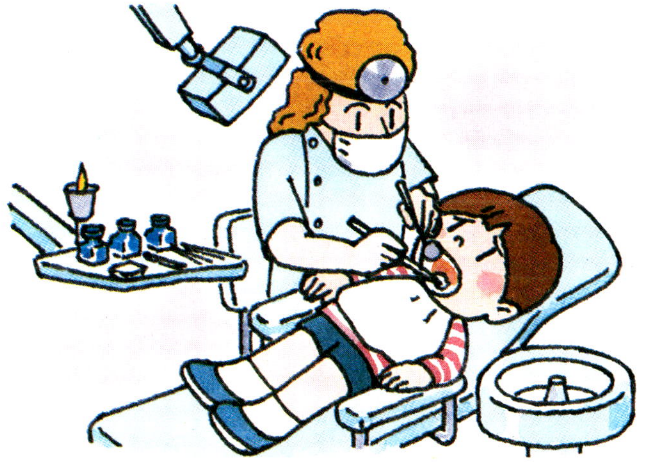

▲ On doit régulièrement faire examiner ses dents par un dentiste.

• Pour les parents

Pour éviter de graves problèmes dentaires à nos enfants, la vigilance est essentielle. Certains parents pensent que la stricte observation des règles d'hygiène dentaire n'est pas très importante tant que les enfants n'ont pas leurs dents définitives. Rien n'est plus faux. Des dents de lait abîmées laissent prévoir que les dents définitives ne pousseront pas dans de bonnes conditions. Alors il faut donner le bon exemple à votre enfant et égayer le moment du brossage de ses dents. Tant que votre enfant est petit, il est nécessaire de l'aider à se brosser les dents, mais il faut très vite le laisser faire seul, trois minutes, matin, soir et après les repas. Autre conseil: limitez sa consommation de sucre.

Pourquoi est-ce qu'il faut aller se coucher même quand on n'a pas sommeil?

RÉPONSE Parce que tu es en train de grandir et que ton corps a besoin de beaucoup de sommeil. D'ailleurs, même quand tu n'as pas envie de dormir, tu t'endors tout de suite, n'est-ce-pas? C'est ce qui te permet d'être en pleine forme le lendemain et de ne pas tomber de fatigue au cours de la soirée suivante.

Si tu restes debout tard...

▲ J'ai oublié de me réveiller! Oh! la la! Je suis en retard!

▲ Je suis trop fatigué... Je n'ai même plus envie de jouer!

Tôt couché, tôt debout!

▲ Au lit à 20 heures...

▲ Frais et dispos à 7 heures!

ESSAIE

Les enfants doivent passer plus d'heures au lit que debout, car ils sont en train de grandir. Il faut prendre l'habitude d'aller au lit sans qu'on te le dise. Se coucher tôt veut dire se lever tôt et en pleine forme. C'est aussi se faire une santé et des forces toutes neuves pour la journée du lendemain.

Je suis allée me coucher tôt et je me suis levée tôt. Maman s'est couchée plus tard que moi, mais elle était déjà debout et préparait mon petit-déjeuner quand je suis allée me laver les dents. Elle ne paraissait pas du tout fatiguée. C'est normal: c'est une adulte! Moi aussi, je serai adulte un jour!

• Pour les parents

Un enfant en bonne santé et qui a beaucoup bougé pendant la journée doit être prêt à aller se coucher le moment venu. Il est essentiel pour sa croissance qu'il ait un nombre d'heures de sommeil correspondant à son âge: 11 à 15 heures entre 1 et 3 ans et 10 à 12 heures entre 4 et 9 ans semblent des chiffres raisonnables. Soyez ferme à ce sujet, mais sans lui donner la sensation qu'il «rate» quelque chose. Baissez le son de la télévision, évitez le bruit... il s'endormira sitôt couché. Et, le lendemain, il s'éveillera impatient de vivre un nouveau jour.

Pourquoi est-ce qu'on essaie de souffler toutes ses bougies d'anniversaire d'un coup?

RÉPONSE On met des bougies sur un gâteau d'anniversaire pour lui donner un air de fête. Il y en a autant que d'années depuis la naissance de celui qu'on fête. Si c'est toi, fais un vœu et souffle-les toutes d'un coup! Qui sait? Ton vœu sera peut-être exaucé!

Combien de bougies sur le gâteau?

En général, sur un gâteau d'anniversaire, il y a autant de bougies que d'années à fêter. Mais parfois, les gens en mettent une de plus, pour attirer la chance. Plus tu grandiras, plus il y en aura... Pas facile de les souffler toutes d'un coup! Essaie quand même chaque année...

• Pour les parents

Les enfants ne commencent à apprécier leurs fêtes d'anniversaire que lorsqu'ils ont au moins trois ans. À partir de ce moment, ils trouvent ça très drôle et essaient sérieusement de souffler eux-mêmes toutes les bougies du gâteau. Aidez-les un peu au début et, dès qu'ils y sont parvenus tout seul, félicitez-les et dites-leur de ne pas oublier de faire un vœu secret. Plus les enfants grandissent, plus ce genre d'événement passe vite. À vous de les rendre mémorables. Faire des photos est une bonne idée, aussi... Il est agréable de se rappeler de tels moments; et tous les parents aiment revoir l'allure de leur enfant quand il était petit.

Comment une clé ouvre-t-elle une porte ?

RÉPONSE

Une serrure comprend de minuscules verrous métalliques qui maintiennent la porte fermée. Pour l'ouvrir, il faut que ces derniers aient une position précise. Si on introduit la bonne clé, elle se charge de les mettre tous en place.

Comment ça marche

Il y a de nombreux types de serrures, mais la plus usuelle est probablement la serrure à barillet illustrée ci-dessous. Quand aucune clé n'y est introduite, les ressorts appuient sur les broches et poussent les goupilles dans la partie centrale, l'empêchant ainsi de tourner. Lorsque la bonne clé y pénètre, elle repousse les broches à l'intérieur du barillet, maintenant les goupilles dans la position adéquate. Cela permet à la partie centrale de tourner dans le barillet en même temps que la clé dans la serrure. Cette rotation provoque le relâchement du verrou qui bloquait le pêne de la porte. Ce type de serrure contient de trois à dix broches constituées de goupilles dites « à gorge », variant en fonction des normes de sécurité désirées. Les clés sont façonnées de façon à ce que leur mouvement fasse coïncider toutes les goupilles avec la ligne d'alignement, ce qui ouvre la porte.

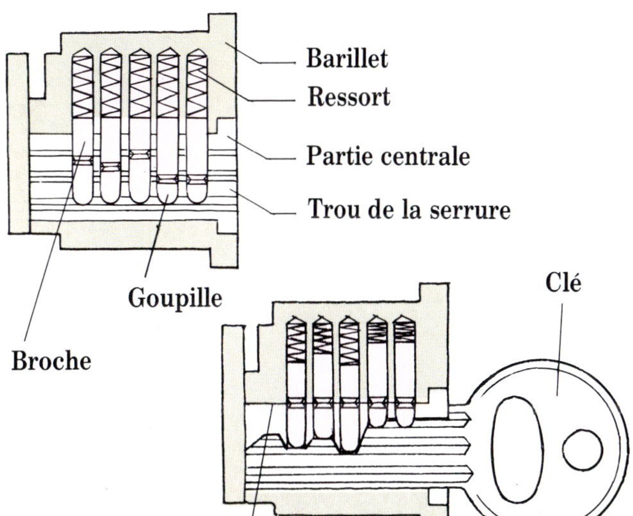

• Pour les parents

Depuis les premiers écrits de l'Histoire, on retrouve des preuves de l'existence de serrures pour protéger les biens de valeur contre les intrus et les voleurs. La plus ancienne serrure mécanique remonte à environ 2 000 ans avant Jésus-Christ, en Égypte. Elle fonctionnait de manière identique à celle illustrée ci-dessus. Elle était plus simple, bien entendu, et en bois, mais elle remplissait déjà bien son rôle. Les premières serrures en métal offraient une protection réduite, simplement assurée par la forme du trou de la serrure; à partir du moment où une clé pouvait y être introduite, la porte s'ouvrait. Plus tard, les serruriers inventèrent des serrures à trou obturé. Puis, à la fin du XVIe siècle, les serrures à combinaison apparurent: à l'intérieur, des rainures se mettaient en place en fonction du nombre qu'on formait sur le cadran extérieur; quand elles étaient bien alignées, le pêne se débloquait.

Pourquoi payons-nous avec de l'argent?

RÉPONSE Il y a très longtemps, l'argent n'existait pas. Quand on avait besoin de quelque chose, on faisait un échange. Mais ce n'était pas toujours facile: on ne pouvait échanger que des objets de même valeur. Alors, on se mit à utiliser des pièces, puis des billets, pour vendre ou acheter plus aisément.

Chaque pays a sa monnaie

Chaque pays crée sa propre monnaie. Regarde tous ces billets: chaque nation a les siens. Examine différents billets français et compare-les à ceux-ci: ont-ils des points communs?

Ce qu'on peut acheter avec

▲ Une paire de chaussures neuve pour toi ou ton petit frère.

▲ Des livres et des crayons... Très utile pour l'école!

▲ Une jolie robe pour aller à un anniversaire.

▲ De la nourriture de bonne qualité, pour la forme et la santé.

● Pour les parents

L'argent est une monnaie d'échange. Il est accepté comme tel dans le monde entier, en paiement de biens et de services. Il se présente sous forme de billets de banque, de pièces de monnaie ou de chèques. Les hommes primitifs échangeaient leurs biens ou utilisaient, en guise d'argent, des céréales, des étoffes, des peaux, du bétail et bien d'autres choses. Mais, au fur et à mesure que la société évoluait, ces systèmes furent abandonnés et remplacés par l'argent, encore considéré actuellement comme seul standard efficace pour l'évaluation des biens et services.

Pourquoi tant de gens placent-ils leur argent à la banque?

RÉPONSE Certaines personnes gagnent plus d'argent que ce dont elles ont besoin pour vivre au quotidien. Dans ce cas, en général, elles placent le surplus dans une banque où il est plus en sécurité qu'à la maison: on peut difficilement se l'y faire voler. Ça permet, en outre, à cet argent de prendre de la valeur, car, en compensation du prêt qui lui est ainsi fait, la banque verse sur le compte une sorte de location: les « intérêts ».

Où cet argent est-il entreposé?

La plupart des banques ont un gigantesque coffre-fort en acier, qui, par mesure de sécurité, n'est ouvert qu'à des heures précises et par des gens de confiance.

On peut aussi mettre bien d'autres choses à la banque

Nombre de banques possèdent également des coffres de dépôt que les particuliers peuvent louer pour y conserver des choses très variées. Il s'agit en général, soit de papiers importants, soit de pierres précieuses, de bijoux ou autres objets de valeur qu'ils ne veulent pas se faire voler chez eux. Qu'y déposerais-tu, toi?

Pour les parents

Notre époque est complexe; et les banques jouent un rôle fondamental dans la vie de bien des gens. Non seulement elles protègent leur argent, et leur verse des intérêts sur le capital placé, mais elles leur proposent aussi des procédés simplifiés pour payer leurs factures (les chèques notamment) et la possibilité de réaliser des emprunts pour régler leurs achats. Si votre enfant n'en a pas encore, examinez l'éventualité de lui ouvrir un compte-épargne. Ce modeste investissement peut contribuer à lui faire comprendre la valeur de l'argent et à le rendre économe.

Comment les ampoules éclairent-elles?

RÉPONSE La plupart des ampoules possèdent un filament métallique très fin. Le courant passe dans ce fil et le fait chauffer si fortement qu'il devient incandescent et prend une couleur blanche: c'est grâce à ce phénomène que l'ampoule éclaire. Ne la touche surtout pas à ce moment-là car elle est très chaude! Il y a aussi d'autres types d'ampoules qui produisent leur éclairage grâce à des produits chimiques et des gaz en contact direct avec le courant.

Une ampoule ordinaire

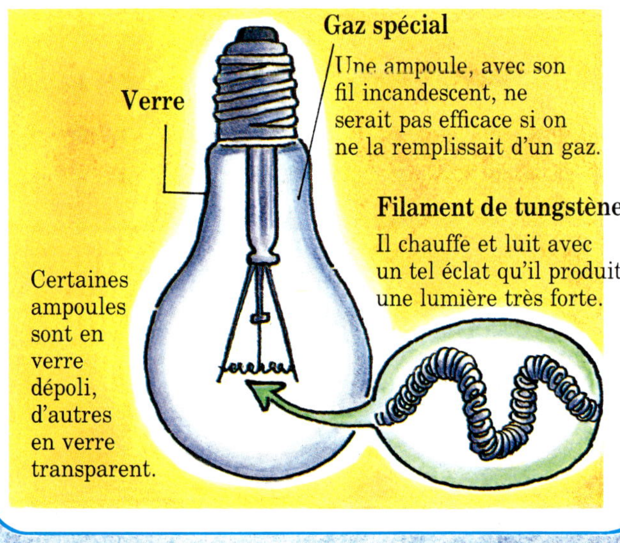

Différents types d'ampoules

▲ Voici cinq ampoules. Lesquelles connaissais-tu déjà?

▲ Dans les rues des villes, il y a des enseignes lumineuses.

▲ Regarde... La ville est belle, avec toutes ses fenêtres éclairées.

● Pour les parents

L'illustration du haut de cette page présente deux ampoules à incandescence, une ampoule de projecteur et deux ampoules fluorescentes. L'ampoule de la page 60 possède un filament de tungstène extrêmement fin. Dans les ampoules fluorescentes, un gaz mercuriel excite une couche de phosphore, à l'intérieur de l'ampoule.

Pourquoi est-ce soi qu'on voit quand on regarde dans un miroir?

RÉPONSE Derrière la plaque de verre d'un miroir il y a une très fine couche d'argent ou d'aluminium (on dit qu'elle est argentée même si la couche est en aluminium). Cette particularité permet aux miroirs de réfléchir la lumière et de renvoyer l'image de ce qui est en face. Pratique pour se laver ou se coiffer, le matin! On se regarde; c'est un jeu d'enfant!

LE SAVAIS-TU?

Tous les garçons et les filles de la Terre ont, un jour ou l'autre, regardé leur reflet dans une flaque d'eau. Et on peut affirmer sans gros risque de se tromper qu'une de ces flaques d'eau immobiles fut le premier miroir de l'humanité: ce fut certainement grâce à l'une d'elles que le premier homme à avoir jamais vu sa propre image le fit. As-tu remarqué qu'une simple ride à la surface de l'eau donne une image trouble? Pour un miroir, c'est pareil: si sa surface n'est pas lisse, on ne se voit pas correctement.

Drôles de miroirs!

Pour les parents

Il y a des miroirs rigolos qui déforment les images, parce que leur surface est incurvée. Les miroirs concaves sont grossissants. Les miroirs convexes rapetissent. D'autres allongent au contraire. En haut de la page, on a représenté une combinaison de miroirs qui multiplie les images d'un même objet... Les premiers miroirs en verre datent du XVIe siècle, et la couche d'argent fut utilisée à partir de 1840. Cependant, l'argent s'abîmait vite, si bien que de nos jours on préfère utiliser l'aluminium. Comme, dans de tels miroirs, les rayons sont partiellement réfléchis par la plaque de verre avant d'atteindre l'argent, pour les télescopes astronomiques, on colle l'argent ou l'aluminium sur le devant de la plaque, et non derrière elle.

Pourquoi est-ce que Papa porte une cravate?

RÉPONSE Dans la plupart des sociétés, les employés s'habillent bien pour aller à leur travail. Les hommes, en particulier, portent, pour être élégants, une veste et une cravate.

Quand il vaut mieux porter une cravate

Au bureau. Les employés de bureau ont coutume de porter une cravate pour aller travailler. Certains gardent leur veste toute la journée. On peut presque dire que le costume-cravate est l'uniforme des employés de bureau et des hommes d'affaires.

Dans les réceptions. Quand les gens vont à une réception, ils aiment se mettre « sur leur 31 », parce qu'ainsi ils se sentent dans la note. S'il s'agit d'une réception très chic, les hommes portent un smoking, une élégante chemise et un nœud papillon.

Comment sont apparues les cravates

Depuis des centaines d'années, les hommes portent quelque chose autour du cou pour faire plus chic. L'illustration ci-dessus montre l'évolution des cravates de 1795 à nos jours. Il y a environ 600 ans, les hommes portaient un pourpoint à collerette sous leur habit, puis ce furent des gilets à collerette. Il y a quelque 300 ans, en Angleterre, on vit la plupart d'entre eux arborer un petit ruban noué, tandis que les cavaliers croates, venus de l'actuelle Yougoslavie, qui servaient en France, dans l'armée de Louis XVI, exhibaient, eux, un grand ruban de tissu. C'est ce qui devint alors le grand chic du Paris à la mode : bientôt une foule de Français se mit à porter autour du cou l'ancêtre de notre cravate actuelle.

• Pour les parents

Alors que, de nos jours, des tas de gens dans le monde expriment le désir de la porter plus rarement, la cravate a été considérée pendant des centaines d'années comme la marque de l'homme distingué. Les modèles ont évolué, depuis l'élégante écharpe nouée datant de 1795, jusqu'à la cravate classique et au nœud papillon que les hommes portent aujourd'hui. Même ces derniers modèles ont connu des variantes, lancées, chaque saison, par les couturiers pour démoder les précédents et créer ainsi une nouvelle demande, donc un nouveau marché.

Comment certaines portes peuvent-elles s'ouvrir et se fermer toutes seules ?

RÉPONSE Elles fonctionnent grâce à des interrupteurs invisibles : elles s'ouvrent quand ils sont actionnés. La plupart se referment toutes seules après un court laps de temps. Beaucoup sont coulissantes, mais certaines vont et viennent. Elles fonctionnent électriquement. Il ne faut pas jouer juste à côté, c'est dangereux !

Comment elles fonctionnent

Les portes automatiques possèdent différents types d'interrupteurs. Certains fonctionnent quand un rayon lumineux est interrompu par le passage de quelqu'un devant l'entrée; on les appelle des «œils électroniques». D'autres sont installés sous un tapis, devant le seuil. Certaines portes, enfin, sont reliées à une plaque portant un bouton sur lequel il faut appuyer pour obtenir l'ouverture. Les portes dites à va-et-vient sont très dangereuses: si on stationne devant, on risque de les recevoir et d'être bousculé ou blessé, parfois même assez grièvement.

▲ Ici, l'interrupteur est sous le tapis.

▲ Ici c'est un œil électronique, au plafond, qui commande tout.

▶ Ce bouton a été placé assez bas pour servir aux enfants.

● Pour les parents

Les portes automatiques fournissent un confort certain en épargnant l'énergie des gens. On en trouve surtout dans les magasins et toutes les surfaces commerciales, mais très peu dans les habitations parce qu'elles représenteraient un danger pour les petits enfants ne sachant pas les utiliser. Ces portes sont en effet commandées par des moteurs électriques et s'ouvrent et se ferment avec force. Si un enfant était heurté par l'une d'elles, il pourrait être gravement blessé. Il serait donc prudent de vous assurer que vos enfants savent comment elles fonctionnent et sont conscients du fait qu'il ne faut pas rester dans la zone opérationnelle ni essayer de les commander manuellement.

? Pourquoi est-ce que je suis obligé de me faire couper les cheveux? Ça chatouille!

RÉPONSE À la fois pour être beau et parce que c'est bien plus facile d'avoir des cheveux propres quand ils sont courts. Et puis, ça ne chatouille pas très longtemps; seulement jusqu'à ce que tu te sois bien brossé et que tu aies chassé toutes les mèches tombées dans ton col ou sur ton visage.

Les hommes des cavernes se les coupaient-ils?

Il y a très longtemps, au temps de la vie dans les cavernes, quand les hommes chassaient avec des massues, leurs cheveux devenaient, au cours de leur existence, toujours plus longs et toujours plus sales. Ils n'étaient pas équipés pour les entretenir. De nos jours, c'est facile: on se les fait couper chez le coiffeur, et on les lave quand on veut.

• Pour les parents

Depuis l'Antiquité, les hommes ont graissé, teint, frisé leurs cheveux et les ont soumis à bien d'autres traitements pour améliorer leur apparence. Les tribus primitives les recouvraient d'argile; et certaines le font même encore. Dans la Grèce et la Rome antiques, les boutiques des barbiers n'étaient pas seulement un lieu où on coupait les cheveux, mais aussi un forum où on échangeait des propos! Les barbiers se chargeaient également des saignées, quand leurs clients en avaient besoin. C'est de là que provient le rouge symbolique de leur enseigne.

Pourquoi est-ce que l'eau coule du robinet?

RÉPONSE Il y a toujours de l'eau en attente dans les tuyaux. Tant que les deux éléments de l'intérieur du robinet restent ajustés, l'eau ne peut pas couler: c'est ce qui se passe quand le robinet est fermé. Mais quand on tourne la poignée en métal, pour l'ouvrir, on sépare ces deux pièces et l'eau peut jaillir. Regarde sur le schéma.

Le fonctionnement d'un robinet

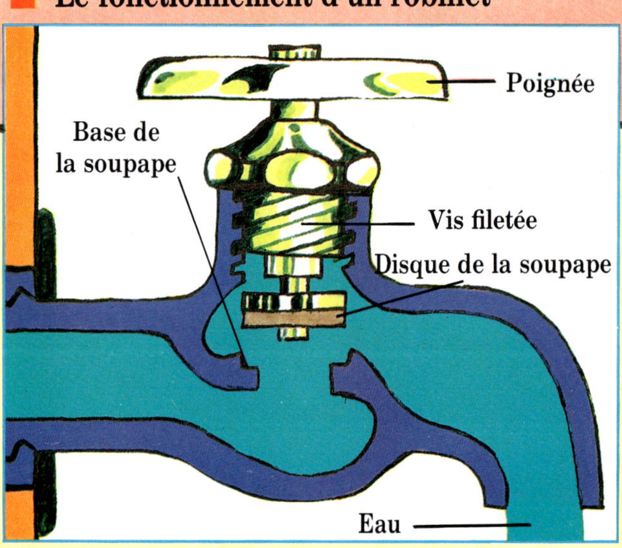

Lorsque l'on tourne la poignée dans le sens des aiguilles d'une montre, le disque de la soupape descend et s'appuie hermétiquement sur la base: cela stoppe le flot d'eau. Dans ce schéma, le disque n'est pas ajusté sur la base, si bien que l'eau coule du bec.

Jeux d'eau

Quand il fait très chaud, c'est amusant d'arroser la pelouse ou les fleurs avec le tuyau d'arrosage. Il y a une canule au bout du tuyau, et il est indispensable de la tourner après avoir ouvert le robinet pour que l'eau jaillisse. Beaucoup de garçons et de filles aiment s'arroser mutuellement avec un tuyau d'arrosage... c'est un jeu très drôle, à condition de porter la tenue adéquate! Quand tu auras bien joué, tu n'auras plus qu'à prendre un bon bain tiède, plein de mousse.

• Pour les parents

La plupart des robinets usuels, dans les maisons individuelles et même dans de nombreuses entreprises, sont du type illustré page 70. Quand le boulon ou le disque de la soupape est serré à fond, l'eau ne passe pas, sauf si le joint est défectueux. S'il y a une fuite, c'est qu'il faut remettre un joint neuf. C'est le travail du plombier; mais certaines personnes font volontiers ce travail elles-mêmes. Avant de remettre le joint, il est préférable de couper l'arrivée d'eau pour éviter qu'une inondation ne se produise, au moment où les éléments du robinet seront séparés.

Comment les interrupteurs allument-ils les lampes?

RÉPONSE Les ampoules éclairent parce qu'elles reçoivent de l'électricité qui arrive, depuis l'extérieur, jusque dans les maisons. Il y a plusieurs façons de couper le courant: les interrupteurs en constituent une. Si tu appuies sur un interrupteur, tu arrêtes le courant, la lumière s'éteint; il fait sombre.

Fils et interrupteurs

▲ Les fils électriques qui aboutissent aux interrrupteurs sont, soit apparents, soit encastrés dans le mur.

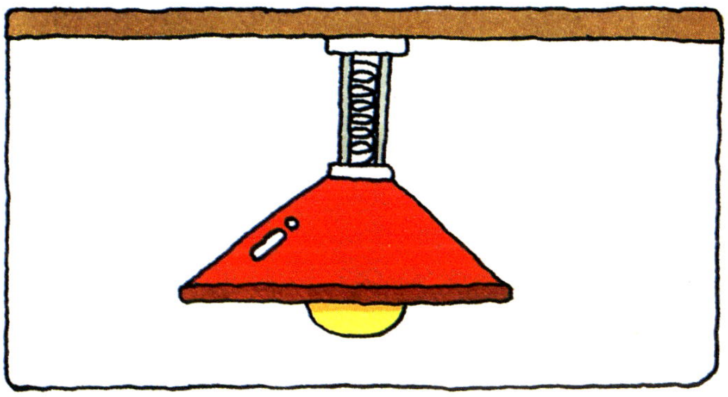

▲ Ce plafonnier n'a pas d'interrupteur sur lui. Il dépend de celui qui est sur le mur, sans doute à proximité de la porte.

▲ Des lignes à haute tension transportent l'électricité qui éclaire et fait fonctionner les appareils dans ta maison.

• Pour les parents

Le réseau de fils électriques dans votre maison comprend plusieurs systèmes de coupure du courant: interrupteurs pour le confort, fusibles et coupe-circuit pour la sécurité. Si une ligne est soumise à une trop forte tension, elle est sujette à une surchauffe et peut déclencher un incendie. Mais les fusibles et les coupe-circuit sont là pour prévenir ce genre de risque. Presque partout, les installations électriques sont soumises à une réglementation très stricte et la plupart des municipalités exigent le recours à des électriciens homologués. Habituez votre enfant à éteindre les lampes et à stopper les appareils électriques après usage: vos factures diminueront, les risques aussi.

Pourquoi est-ce que les ouvriers du bâtiment portent des casques?

RÉPONSE Sur les chantiers, des objets très lourds peuvent tomber par accident et atteindre la tête de quelqu'un. Pour éviter d'être gravement blessés, les ouvriers portent un casque très dur.

Et si ça leur tombe sur le pied ?

Pour certains types d'activités, les ouvriers portent aussi des chaussures à renforts métalliques sur le dessus du pied et sur le devant. Certains ont même une plaque en métal dans leur semelle, pour ne pas risquer de se blesser en marchant sur un objet pointu. Il existe également des lunettes spéciales pour protéger les yeux et des gants protecteurs adaptés à chaque type d'activité.

• Pour les parents

Il y a de nombreux types d'équipement de sécurité en dehors de ceux mentionnés ici. Le casque porté par la plupart des ouvriers, qu'ils soient du bâtiment ou non, est d'autant plus efficace qu'il possède un rembourrage interne: celui-ci répartit le poids de l'objet reçu sur une surface importante. Ces casques ont toujours emprunté leur forme aux casques militaires. Autrefois, ils étaient en métal; aujourd'hui, ils sont plutôt faits d'un plastique extrêmement dur. Il existe un autre type de casque: celui des soudeurs; il sert à protéger les yeux, à la fois des étincelles et de la lueur excessive de la flamme. Tous ces casques de protection limitent aussi les risques dus aux machines dont l'électricité statique risque de leur happer les cheveux.

Pourquoi les policiers portent-ils des uniformes?

RÉPONSE 1 Ça permet de les reconnaître au premier coup d'œil. La police remplit son rôle, qui est d'assurer notre sécurité, en nous signalant sa présence. Apprends à connaître tes amis les policiers; ils peuvent t'aider!

RÉPONSE 2 Leur uniforme signale aussi la présence des policiers aux malfaiteurs. Ceux qui sont sur le point de commettre un méfait risquent alors d'hésiter.

Pour les parents

La plupart des gouvernants sont d'accord pour considérer la présence de la police comme le meilleur élément dissuasif contre les criminels, qu'il s'agisse de policiers en patrouille ou de CRS en fourgon. L'image que votre enfant a de l'individu en uniforme est un facteur déterminant: s'il le prend pour un ami, il s'adressera plus facilement à lui quand il aura besoin d'aide. Apprenez-lui donc à ne pas être effrayé par la police, mais plutôt à la considérer comme une présence amicale qui peut le secourir en cas de besoin.

Quelles sont les autres personnes qui portent des uniformes?

RÉPONSE Les policiers ne sont pas les seuls à avoir besoin de porter un uniforme. Bien d'autres personnes doivent être repérées facilement. Il y a aussi des gens dont le métier exige le port constant d'un uniforme approprié. Il en est ainsi, entre autres, des soldats, des infirmières, des sportifs, des cuisiniers, et même, parfois, des écoliers... tu connais sans doute leurs uniformes très particuliers!

▲ **Policier** ▲ **Soldat** ▲ **Chef cuisinier** ▲ **Infirmière** ▲ **Joueur de basket**

Il y a des uniformes pour la sécurité

Certains métiers particulièrement dangereux nécessitent aussi le port d'un vêtement spécial, par mesure de sécurité. Un pilote de course doit se protéger contre les accidents, et un joueur de foot contre les mauvais coups de pied.

▲ Un soudeur

▲ Un pompier

▲ Un astronaute

Il y a aussi des uniformes pour enfants

Certains écoliers ou jeunes sportifs en portent aussi, quand ils sont sur le court, ou s'ils sont membres d'un club privé. En as-tu déjà porté?

▲ Sur le terrain de foot

▲ À l'école ou au lycée

● Pour les parents

Le port d'un uniforme, soit pour se protéger, soit pour s'identifier, est coutumier dans tous les pays du monde. Mais chaque nation a les siens, pour qu'on puisse les différencier de ceux de toutes les autres. De plus, ils ont une coupe adaptée au climat, aux habitudes locales et aux styles d'étoffes disponibles. Aidez votre enfant à se souvenir d'un jour où il a porté un uniforme: pour un défilé avec la fanfare de l'école, peut-être, ou parce qu'il faisait partie de l'équipe de sport de votre localité...

De quoi s'agit-il?

Des archers à cheval

Au cours d'une fête, au Japon, des archers vêtus de costumes anciens, montés sur des chevaux lancés à vive allure, tirent des flèches sur une cible colorée. Le vainqueur sera évidemment celui qui atteindra le point le plus proche du centre. Ce sont des cavaliers émérites, car, pour pouvoir tirer à l'arc, ils doivent maîtriser leurs montures avec leurs seules jambes.

Une démonstration acrobatique de sapeurs-pompiers japonais

Les exhibitions de pompiers au cours des fêtes de Nouvel An correspondent à une tradition au Japon. Ci-dessus, des pompiers réalisent leurs exploits au sommet de leurs anciennes échelles de bambou. À droite, un pompier surveille le déploiement de deux échelles soutenues par des engins modernes.

L'album de ....

Mes premières fois

Les premières réalisations, même toutes simples, d'un enfant représentent une partie importante de sa vie quotidienne. Utilisez ces deux pages pour rassembler vos souvenirs. Il y a des chances pour que votre enfant ait déjà passé le cap de ces « premières fois ». Alors comparez vos souvenirs avec les siens et notez ici tous ceux, parmi eux, que vous retrouverez ensemble.

Mes premiers mots

■ La première fois que je me suis débarbouillé tout seul...

■ La première fois que je me suis habillé sans l'aide de personne...

■ La première fois que j'ai réussi à me coiffer moi-même...

■ La première fois que je me suis brossé les dents tout seul...

■ La première fois que j'ai dit bonjour sans qu'on ait eu besoin de me le dire...

Ce que j'ai aimé

Le Nouvel An

Mon anniversaire

La rentrée scolaire

Ses grandes questions

Mes animaux familiers

Mes amis

Les vacances

Noël

Mais que font-ils donc tous?

Regarde bien le dessin

Tu peux retrouver tous les animaux de droite dans le dessin ci-dessus. Certains y figurent même plusieurs fois. Combien en trouves-tu? Utilise les indices que te donnent les animaux eux-mêmes pour vérifier que c'est bien la bonne image que tu as retrouvée.

Mes légumes...
Qui veut mes beaux légumes?

Je me brosse les dents
tous les jours.

J'adore faire la vaisse

C'est l'heure de mon programme TV !

Je pars en promenade.

C'est à moi de glisser, maintenant !.

Les enfants découvrent...

la vie quotidienne

ISBN: 2-7344-0486-9

Composé par Photocompo Center S.A., Bruxelles, Belgique.
Imprimé par GEA, Milan, Italie.
Relié par GEP, Crémone, Italie.
Dépôt légal: juillet 1989.

COORDINATION DE L'ÉDITION:
International Editorial Services Inc.
Tokyo, Japon
C.E. Berry, Miki Ishii, Kim Bolitho,
Pauline Bush, Edwin Causa, Janette Bryden,
Laurie Hanawa, Ronald K. Jones

ÉDITION EUROPÉENNE:
Gillian Moore, Ed Skyner, Ilse Gray, Wendy Gibbons
Fabrication:
Maureen Kelly, Samantha Hill

Consultant:
Andrew Gutelle

ÉDITION FRANÇAISE:
Dominique Aubert
Composition:
John Booly

Traduit de l'anglais par:
Julia-Victor

Titre original: *Everyday Life*

TIME
LIFE
JEUNESSE